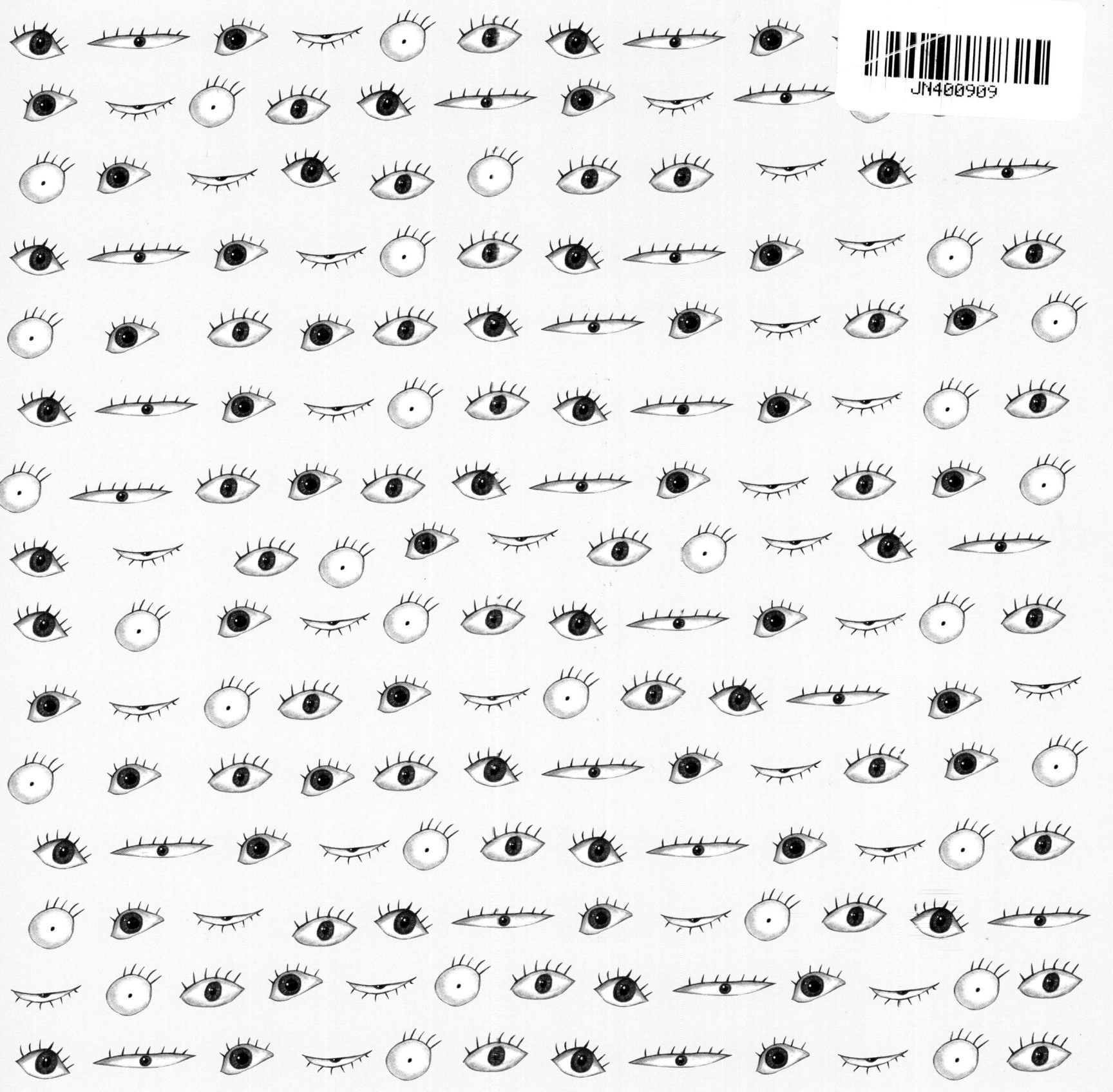

백명식 글·그림

경기도 강화에서 태어나 대학에서 서양화를 전공했습니다. 출판사 편집장을 지냈으며, 다양한 분야의 책과 사보, 잡지 등에 그림을 그리고 있습니다. 특히 어린이들이 좋아하는 책을 쓰고 그릴 때 가장 행복하다고 합니다. 그린 책으로는 《민들레자연과학동화》《책 읽는 도깨비》등이 있으며, 쓰고 그린 책으로는 《김치네 식구들》《맛있는 책 시리즈》《스팀 스쿨 시리즈》《자연을 먹어요 시리즈》등이 있습니다. 소년한국일보 우수도서 일러스트상, 중앙광고대상, 서울일러스트상을 받았습니다.

김중곤 감수

서울대학교 의과대학을 졸업하고 서울대 대학원과 뉴욕주립대학교 대학원에서 공부했습니다. 현재 서울대학교 의과대학 소아청소년과 교수로 재직하고 있습니다.

인체과학 그림책 ①

눈은 보기만 할까?

백명식 글·그림 | 김중곤 감수

초판 인쇄일 2013년 3월 25일 | **초판 발행일** 2013년 4월 10일
펴낸이 조기룡 | **펴낸곳** 내인생의책 | **등록번호** 제10호-2315호
주소 서울시 마포구 망원동 385-39 삼운빌딩 3층
전화 (02)335-0449, 335-0445(편집) | **팩스** (02)6499-1165
전자우편 bookinmylife@naver.com | **홈카페** http://cafe.naver.com/thebookinmylife
주간 한소원 | **편집장** 이은아 | **책임편집** 황윤진 | **편집** 김지연 손유진 강길주 조일현 김수령 이채령 이다겸
디자인 한은경 심재원 | **마케팅** 김상석

ISBN 978-89-97980-31-4 74400
ISBN 978-89-97980-30-7 (세트)

책값은 뒤표지에 있습니다.
잘못된 책은 구입처에서 바꾸어 드립니다.

이 도서의 국립중앙도서관 출판시도서목록(CIP)은 e-CIP홈페이지(http://www.nl.go.kr/ecip)와 국가자료공동목록시스템(http://www.nl.go.kr/kolisnet)에서 이용하실 수 있습니다. (CIP제어번호: CIP2013001627)

인체과학 그림책 ①

눈은 보기만 할가?

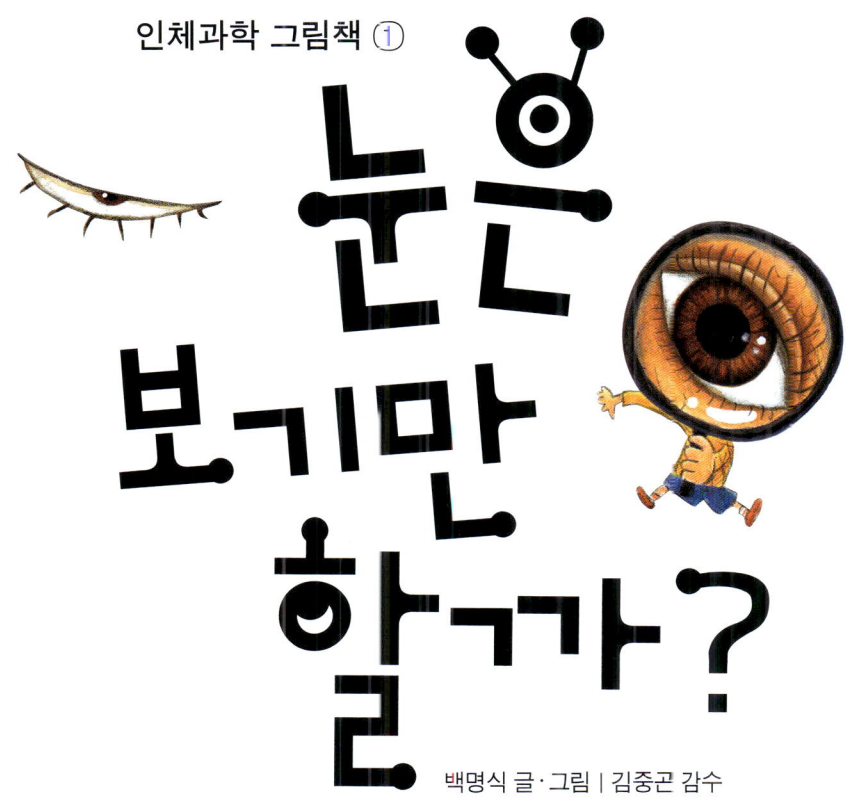

백명식 글·그림 | 김중곤 감수

내인생의책

어? 깜깜한 밤인가?
아무것도 보이지 않네.
눈을 크게 떠 봐도 앞이 안 보여.
아휴! 답답하고, 불안해.

거기 아무도 없어요?

우아! 보인다!
방 안이 환해졌어.
이제 모든 게 다 보여.

나는 눈이야.
내가 없으면 아무것도 볼 수 없지.

눈은 어떻게 생겼을까?
눈은 동그란 알사탕처럼 생겼어.

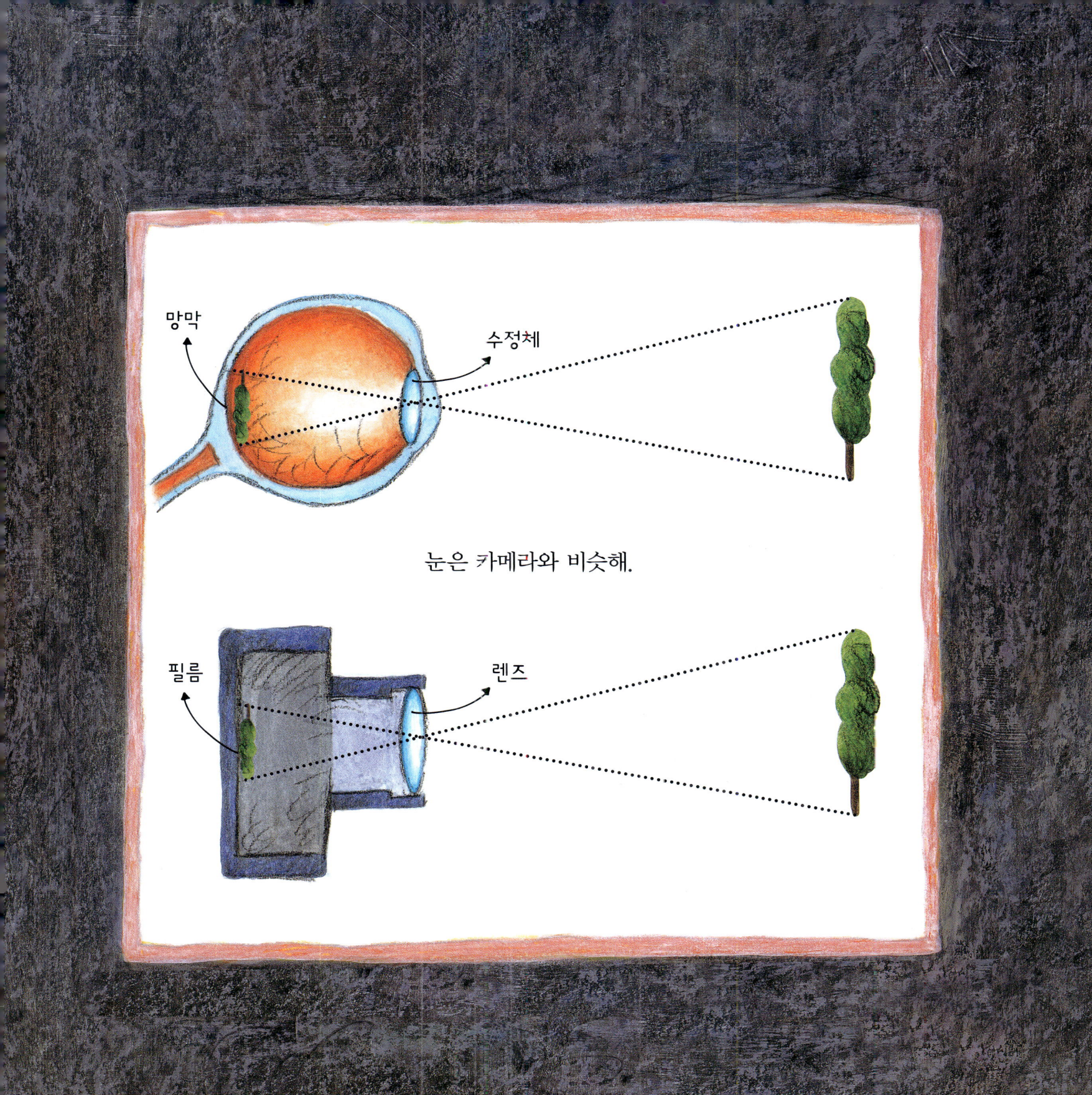

빛은 각막을 통해 가장 먼저 눈으로 들어가.
볼록 렌즈 모양의 수정체를 통과하면서 굴절된 빛이
망막에 도착하면 신경을 통해 뇌로 전달되지.

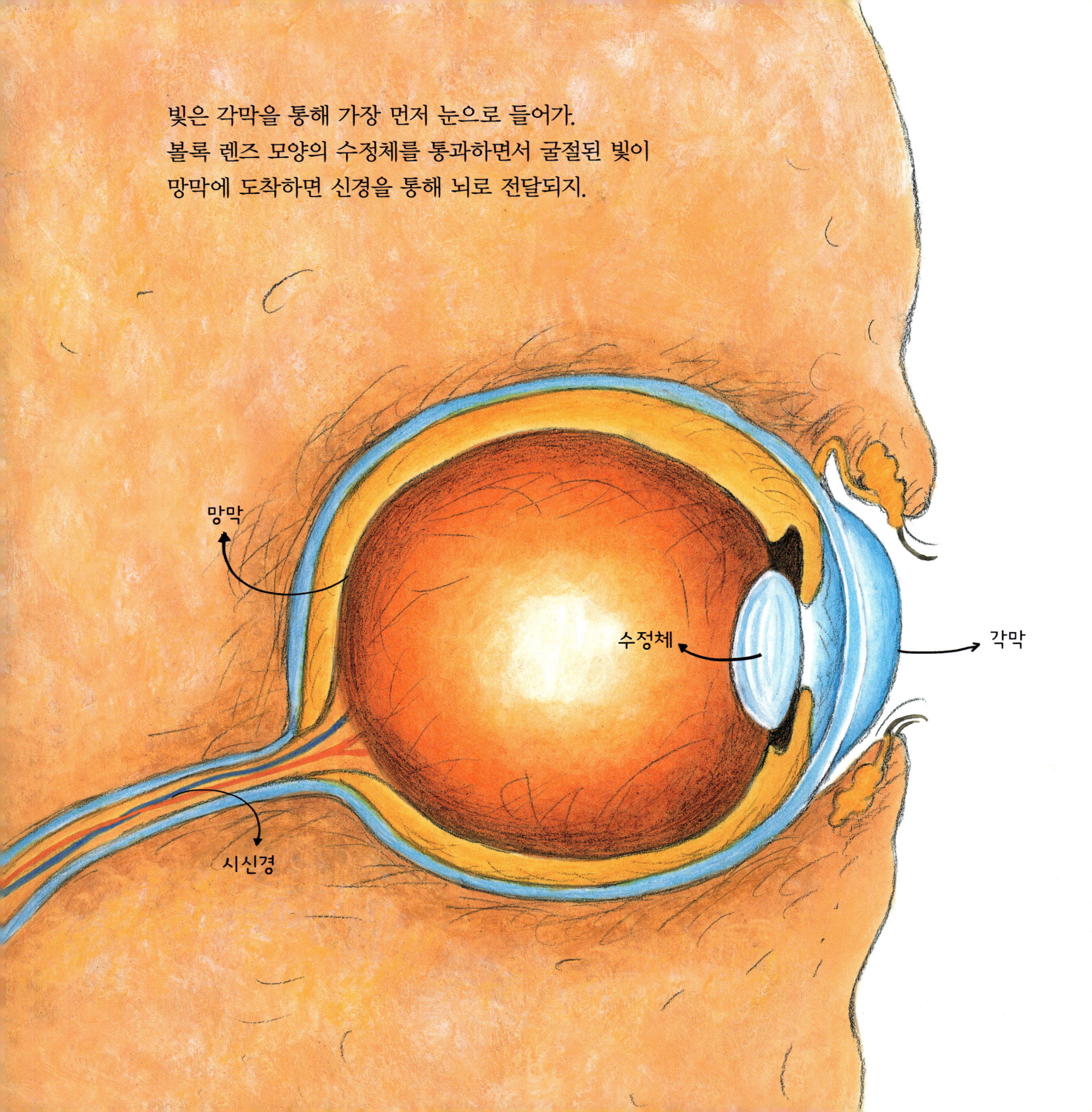

밝은 곳에서는 홍채가 넓어지고 동공이 작아져!

→ 홍채

갑자기 어두운 곳으로 들어가면
앞이 잘 보이지 않게 돼.
밝은 곳에서 작아져 있던 동공으로
빛이 충분히 들어가지 못하기 때문이야.

→ 동공

어두운 곳에서는 홍채가 좁아지고 동공이 커져!

그럴 때는 잠깐 멈춰 서서 눈을 깜박깜박!
조금만 기다리면 돼.
동공이 서서히 커지면서 빛이 충분히 들어가
눈앞이 밝아지게 되지.

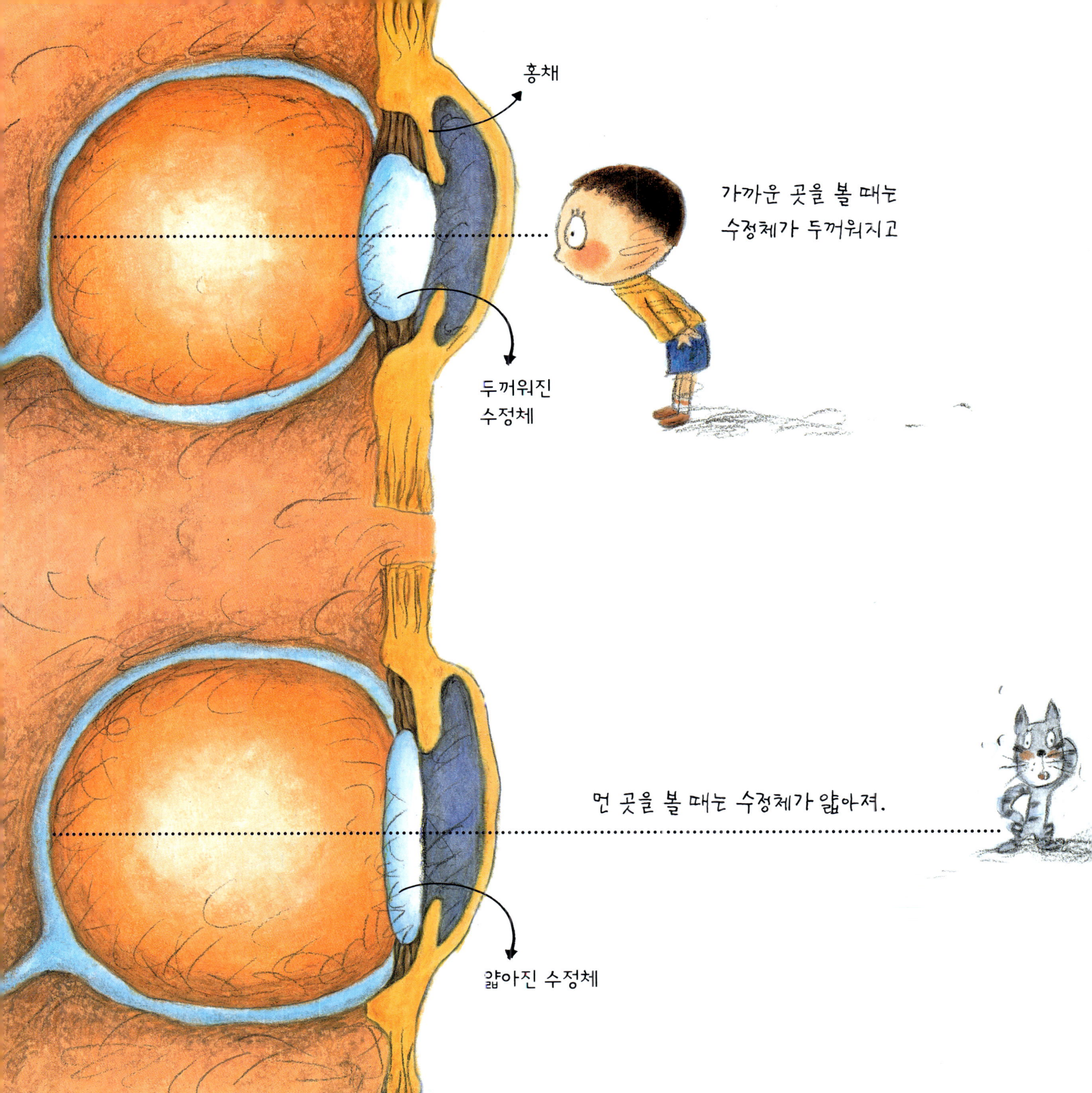

기쁜 일이 있거나 슬픈 일이
있을 때는 눈에서 눈물이 나.
눈물은 하는 일이 아주 많아.
눈 속에 들어온 벌레나 먼지 등을
씻어 내 주지.
눈물이 없으면 눈동자를 자유롭게
움직일 수도 없어.

눈썹은 이마에서 흘러내리는 땀이나 물이
눈으로 들어가는 것을 막아 줘.
속눈썹은 먼지나 작은 벌레가 눈으로 들어가는 것을 막아 주지.
건강한 사람은 한쪽 눈썹에 약 200개의 눈썹이 있어.
3~5개월 정도가 지나면 빠지고 새로운 눈썹이 나지.

눈은 사물을 보는 역할만 하는 게 아니야.
눈을 감고 양팔을 벌린 뒤 한쪽 다리를 들어 봐.
어때? 균형 잡기가 어렵지 않니?
앞을 보지 못하면 몸의 균형을 잡지 못하고
이리저리 휘청거리게 돼.

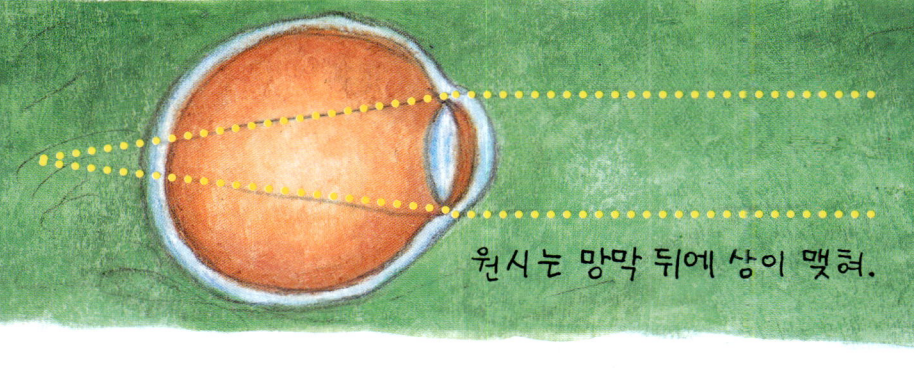

원시는 정상인 사람에 비해 수정체가 얇아져 있어.

원시눈 망막 뒤에 상이 맺혀.

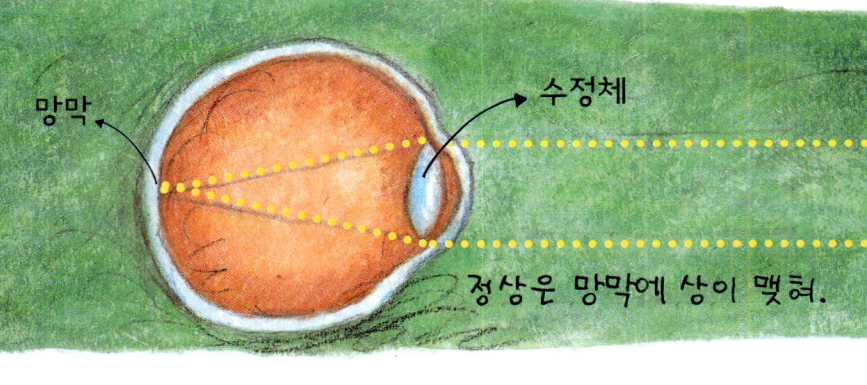

망막

수정체

눈의 수정체는 가운데가 도톰한 볼록 렌즈처럼 생겼어.

정상은 망막에 상이 맺혀.

근시는 정상인 사람에 비해 수정체가 두꺼워져 있지.

근시눈 망막 앞에 상이 맺혀.

난 눈꺼풀이 있어.

밝고 어두운 정도만 느낄 수 있지.

물속에서도 눈을 뜨고 볼 수 있어.

생긴 모양도 다르고 크기도 다른 동물들의 눈은 여러 가지 특징을 가지고 있어.

난 머리 뒤쪽만 빼고 다 보여.

난 눈꺼풀이 없어.

내 눈은 벌집처럼 생겼어.

동굴에 사는 박쥐는 앞을 거의 볼 수가 없어.
그래서 자신만의 특별한 소리를 내어 그 소리가 벽에
부딪혀 되돌아오는 소리를 듣고 거리를 알아내지.
물고기는 눈꺼풀이 없어서 잠을 잘 때도 눈을 뜨고 자야 해.
개와 소는 색깔을 알아보지 못하는 색맹이야.
소가 투우를 할 때 붉은 천을 보고 덤벼드는 것은
색깔 때문이 아니고 천이 펄럭이기 때문이지.
뱀의 눈은 뛰어난 성능의 적외선 카메라 같아.
천적의 몸에서 뿜어져 나오는 열을 감지해 먹이를 잡아먹지.

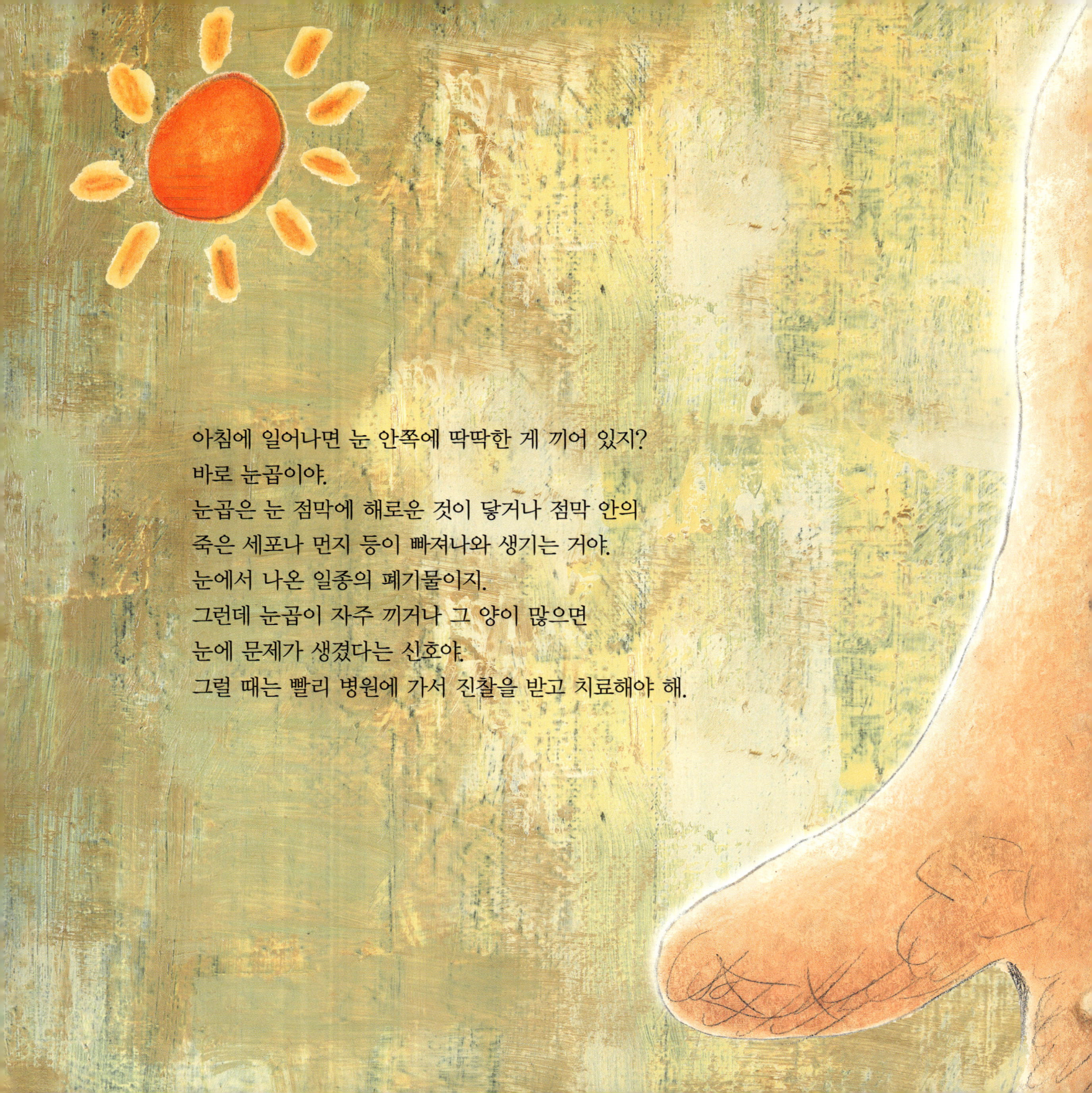

아침에 일어나면 눈 안쪽에 딱딱한 게 끼어 있지?
바로 눈곱이야.
눈곱은 눈 점막에 해로운 것이 닿거나 점막 안의
죽은 세포나 먼지 등이 빠져나와 생기는 거야.
눈에서 나온 일종의 폐기물이지.
그런데 눈곱이 자주 끼거나 그 양이 많으면
눈에 문제가 생겼다는 신호야.
그럴 때는 빨리 병원에 가서 진찰을 받고 치료해야 해.

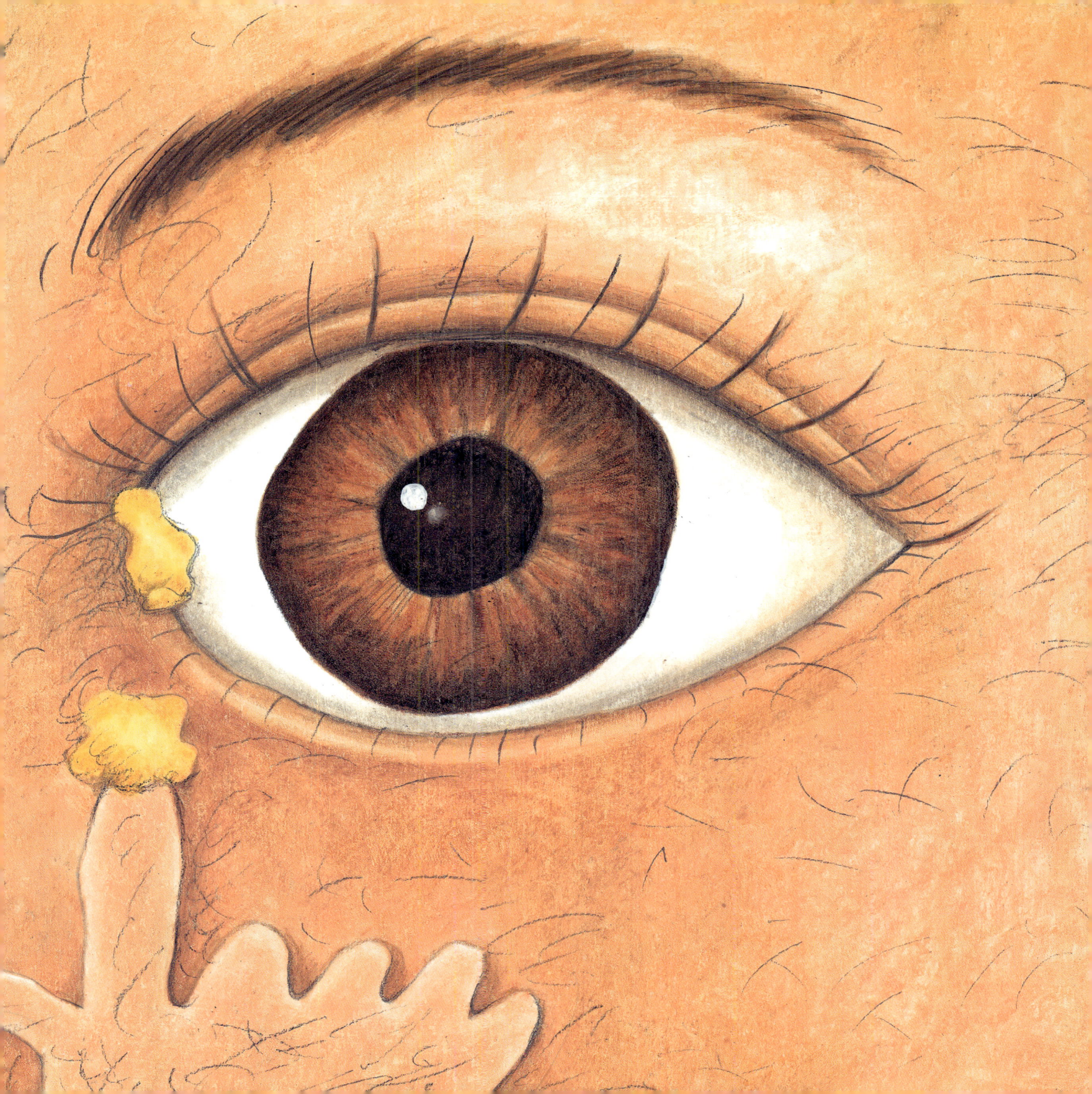

사람은 눈을 1분에 15~20번 정도 깜박거려.
눈이 피곤하거나 뻑뻑할 때 눈을 깜박깜박해 주면
안구에 눈물이 골고루 퍼져서 눈의 피로를 풀어 주지.
뇌가 피곤할 때도 눈을 깜박거리게 돼.
뇌는 우리가 깨어 있는 동안 쉬지 않고 일을 하잖아.
그러다 보면 정말 피곤할 거야.
그럴 때 눈을 잠깐 감았다 뜨는 것만으로도
뇌는 휴식을 취할 수 있지.

망막 속에는 시세포라는 것이 있어.
시세포에는 원추 세포와 간상 세포가 있지.
원추 세포는 색깔을 구별하고
간상 세포는 밝고 어두운 명암을 구별해.

색맹 시험도

무슨 글자지?

안 보여.

원추 세포에 이상이 생기면 색을 제대로 구별할 수 없는 색맹이 돼. 간상 세포에 이상이 생기면 어두운 곳에서 잘 볼 수 없는 야맹증이 생기지.

눈이 아프고 눈동자가 빨개지면 눈병을 의심해 봐.
가장 많이 걸리는 눈병은 바이러스에 의한 아폴로 눈병이야.
아폴로 11호가 달에 착륙했을 때 발생해서 붙여진 이름이지.
눈병은 주변 사람들에게 쉽게 전염될 수 있어.
특히 수영장에서 잘 걸리기 때문에 조심해야 해.
풀, 진드기, 동물 털, 먼지, 꽃가루 등으로도
알레르기 눈병에 걸리기도 해.

한 번 나빠진 눈은 다시 좋아지지 않아.
오래오래 잘 보고 싶다면 이렇게 해 봐.
책 읽을 때 바른 자세로 보기.
텔레비전이나 컴퓨터 화면과 거리 유지하기.
눈에 좋은 음식 챙겨 먹기.
신선한 공기가 가득한 숲 속을 산책하는 것도 좋아.
넓게 트인 바다나 들판을 바라보는 것도 좋지.
무엇보다 중요한 건
올바른 생활 습관이라는 것 잊지 마.

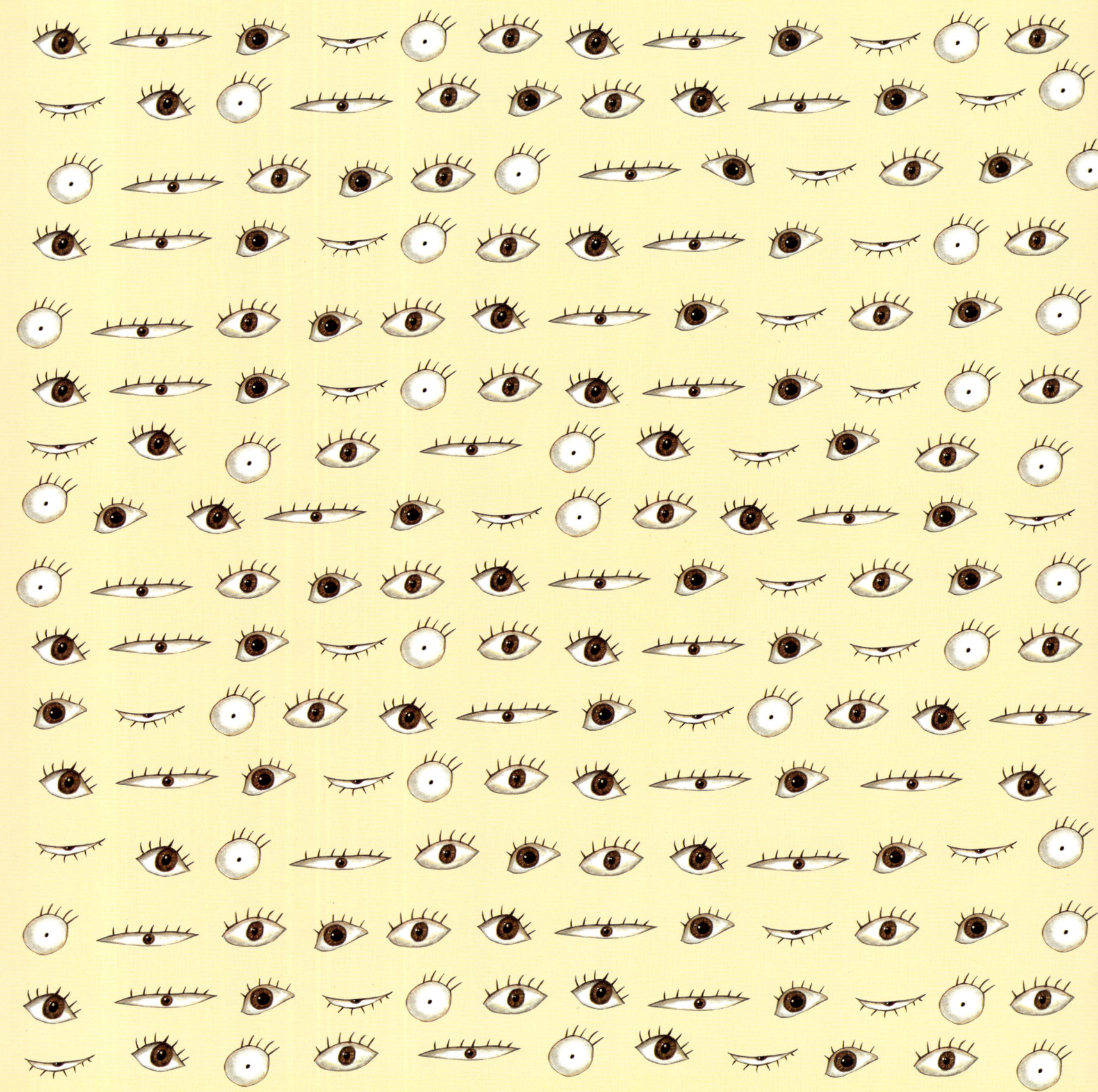